다 른 그 림 찾 기

우리들의 밤

홍인기 - Image creator

일본 '오사카 애니메이션칼리지' 스토리 코믹 전공 졸업
숭실대학교 철학과 졸업
파주 한빛중학교 웹툰반 강사(2016~현재)
파주 동패중학교 만화동아리 강사(2018~현재)
<수상>
제4회 일본 주관 '클럽 선데이배' 만화 공모전 격려상 수상(2013)
제21회 일본 만화잡지 ≪イブニング≫ 신인공모전 우수상 수상
<개인전>
"집사와 함께 하는 냥이의 여름" 갤러리 봄아(2019.8.1.~8.14)

시간의물레
서울시 마포구 마포대로 4다길 3(1층)
전화: 02-3273-3867

다른그림찾기
우리들의 밤

홍인기 - Image creator

일본 '오사카 애니메이션칼리지' 스토리 코믹 전공 졸업
숭실대학교 철학과 졸업
파주 한빛중학교 웹툰반 강사(2016~현재)
파주 동패중학교 만화동아리 강사(2018~현재)
<수상>
제1회 일본 주관 '클럽 선데이배' 만화 공모전 격려상 수상(2013)
제21회 일본 만화잡지 《イブニング》 신인공모전 우수상 수상
<개인전>
"집사와 함께 하는 냥이의 여름" 갤러리 봄아(2019.8.1.~8.14)

시간의 물레
서울시 마포구 마포대로 4다길 3(1층)
전화: 02-3273-3867

다른그림찾기
우리들의 밤

홍인기 - Image creator

일본 '오사카 애니메이션칼리지' 스토리 코믹 전공 졸업
숭실대학교 철학과 졸업
파주 한빛중학교 웹툰반 강사(2016~현재)
파주 동패중학교 만화동아리 강사(2018~현재)
<수상>
제4회 일본 주관 '클럽 선데이배' 만화 공모전 격려상 수상(2013)
제21회 일본 만화잡지 ≪イブニング≫ 신인공모전 우수상 수상
<개인전>
"집사와 함께 하는 냥이의 여름" 갤러리 봄아(2019.8.1.~8.14)

시간의물레
서울시 마포구 마포대로 4다길 3(1층)
전화: 02-3273-3867

다른 그림 찾기

우리들의 밤

프롤로그

    해가 떨어지고 밤공기가 커튼처럼 주변을 감싸면 모든 것이 오히려 낮보다 뚜렷하게 느껴집니다. 낮에는 금세 풍경 속으로 흘러가 버리는 것들이 밤의 장막 안에서 사방팔방 메아리치며 특유의 선명함으로 깊은 인상을 남기기 때문입니다.

    그래서 밤의 사이사이로 보이는 비일상의 끄트머리는 아무리 사소한 것이라도 특별하게 다가옵니다. 평소와 다른 무언가가 조금이라도 느껴지면 우리는 그 안에서 새로운 이야기를 이끌어 내고 말지요. 가령 한밤중에 함께 술잔을 기울이는 친구의 태도가 평소와 조금 달라 보인다면? 거기에서 얼마나 많은 이야기가 만들어질 수 있을지 짐작도 할 수 없습니다. 그 순간 여러분의 머릿속을 스친 이야기는 한 편의 영화일 수도 있고 시시한 콩트일 수도 있습니다. 지나가는 차 한 대,

멀리서 들리는 말소리 한마디, 풍경 속 창문에서 새어나오는 불빛 하나가 모두 우리의 상상력을 자극하고 강렬하게 잔상을 남깁니다. 그런 특별한 감성적 경험은 우리의 밤 여기저기에 숨어 있습니다.

밤이 품고 있는 많은 이야기를 즐기는 것이 바로 밤을 즐기는 것이라고 생각합니다. "우리들의 밤"은 소소하지만 특별하게 다가오는 밤의 이야기들을 찬찬히 살펴보고 즐기고 싶은 마음으로부터 만들어진 책입니다.

어떤 밤이 어떤 이야기를 담고 있는지 여러분들과 함께 찾아보고 싶습니다.

목차

프롤로그	…▶ 4		바베큐	…▶ 38
우리들의 밤을 즐기는 법	…▶ 8		야식	…▶ 42
봄바람	…▶ 10		야근	…▶ 46
편의점	…▶ 14		심야 공항	…▶ 50
술모임	…▶ 18		주점가	…▶ 54
야시장	…▶ 22		밤샘 게임	…▶ 58
밤 운동	…▶ 26		개기월식	…▶ 62
정류장	…▶ 30		밤낚시	…▶ 66
냉장고	…▶ 34		에필로그	…▶ 70

사소한 다름이 만들어 내는
'우리들의 밤'

우리들의 밤을 즐기는 법

❶ 각 챕터의 제목입니다. 어떤 상황을 묘사하고 있는지 말해 줍니다.

❷ 밤에 일어나는 여러가지 상황에 대한 그림입니다.

❸ 2번과의 차이를 찾기 위한 다른 그림입니다. **5가지 차이점**이 숨어 있습니다.

❹ 찾을 때 도움이 되는 힌트입니다.

❺ 정답입니다. 막혔을 때 책장을 넘기면 바로 보이도록 친절하게 설계되어 있습니다.

❻ 그림 이후의 일을 만화로 표현해보았습니다. 여러분들도 상상해 보세요.

❼ 여러분의 밤에 대해서 쓰는 코너입니다. 여러분의 생각, 추억을 써보는 곳입니다.

❽ 쓸 내용이 생각나지 않는 사람을 위한 힌트입니다.

❾ 보너스 색칠하기입니다. 예쁘게 칠해주세요.

봄날 이른 밤, 칼바람 부는 추위가 지나가고 찾아온 기분 좋은 바람을 맞으며 한잔의 여유를 즐깁니다. 1년에 몇 번 없는 기회인 만큼 새로운 계절의 향에 흠뻑 취해 있다 보면 가슴속에 감수성이 가득 차는 기분이 듭니다. 폐와 코 안에도 무언가가 가득 찰 수 있으니 각별히 주의합시다. 재난문자는 꼬박꼬박 확인하시구요.

봄바람

Hint
- 얼굴에 쓰는 것인 만큼, 색과 모양에 따라 얼굴 나이를 크게 좌우합니다.
- 남한테 안 보인다고 해서 지나치게 특이한 속옷을 입는 것도 문제 아닐까요.
- 벌레지만 눈에 띄어도 이상하게 불쾌하지가 않은 친구입니다.
- 봄에 피는 꽃 하면 떠오르는 색깔이 크게 두 종류가 있죠.
- 어느 쪽이든 카페인은 적당히. 건강을 해치지 않을 정도만.

정답

여러분의
봄바람

- 봄이 오면 꼭 하는 일이 있나요?
- 봄을 즐기는 가장 좋은 방법은 뭐라고 생각하세요?
- 봄바람, 혹은 봄바람에 실려 오는 것에 대해 가장 기억에 남는 일은 무엇인가요?

_____
_____
_____
_____
_____

밤이 되면 한층 더 존재감을 뽐내는 공간입니다. 빛에 이끌리는 불나방이라도 된 듯 끌려 들어가면 딱히 원하는 게 없어도 뭐든 들고 나오게 됩니다. 그런 체험이 싫지는 않습니다. 그나저나 적립카드 포인트와 허리둘레는 왜 정비례하는 걸까요?

Hint
- 환경을 보호하기 위한 작은 실천입니다. I LOVE CLEAN WATER
- 굳이 찾아갔는데 진열대가 텅텅 비어 있으면 정말 슬픕니다.
- 다양한 광고 모델을 써서 넓은 소비자층을 노리는 전략. 자본주의 그 자체입니다.
- 비나 눈이 오는 날에 입구 앞에 놓여 있으면 도움이 됩니다.
- 선물 받은 것일까요? 완성도보다는 담겨 있는 마음이 중요할 때도 있죠.

정답

여러분의
편의점

- 자주 가는 편인가요?
- 가장 자주 이용하는 편의점은 어디인가요? 이유는?
- 편의점에서 파는 물건 중에서 가장 기억에 남는 것은 무엇인가요?

친구집에서 조촐하게 벌어지는 술판. 계획도 없었고 당연히 격식도 무드도 없고 돈도 없습니다. 그러나 마음만은 여유가 가득합니다. 지나친 여유가 계속될수록 권태와 불안이 고여갑니다. 그래도 지나고 보면 좋은 추억입니다.

Hint
- 친구와의 술자리라고 해서 예절을 무시하면 이런 일이 생기기도 합니다.
- 이만큼이나 마시면 취하기 보다는 배가 부릅니다.
- 갈릭 디핑 소스가 오지 않은 걸까요?
- 바다도 산도 여름하면 생각나는 여행지이죠.
- 그가 뭘 수집하든 우리는 개인적인 취미를 존중할 필요가 있습니다.

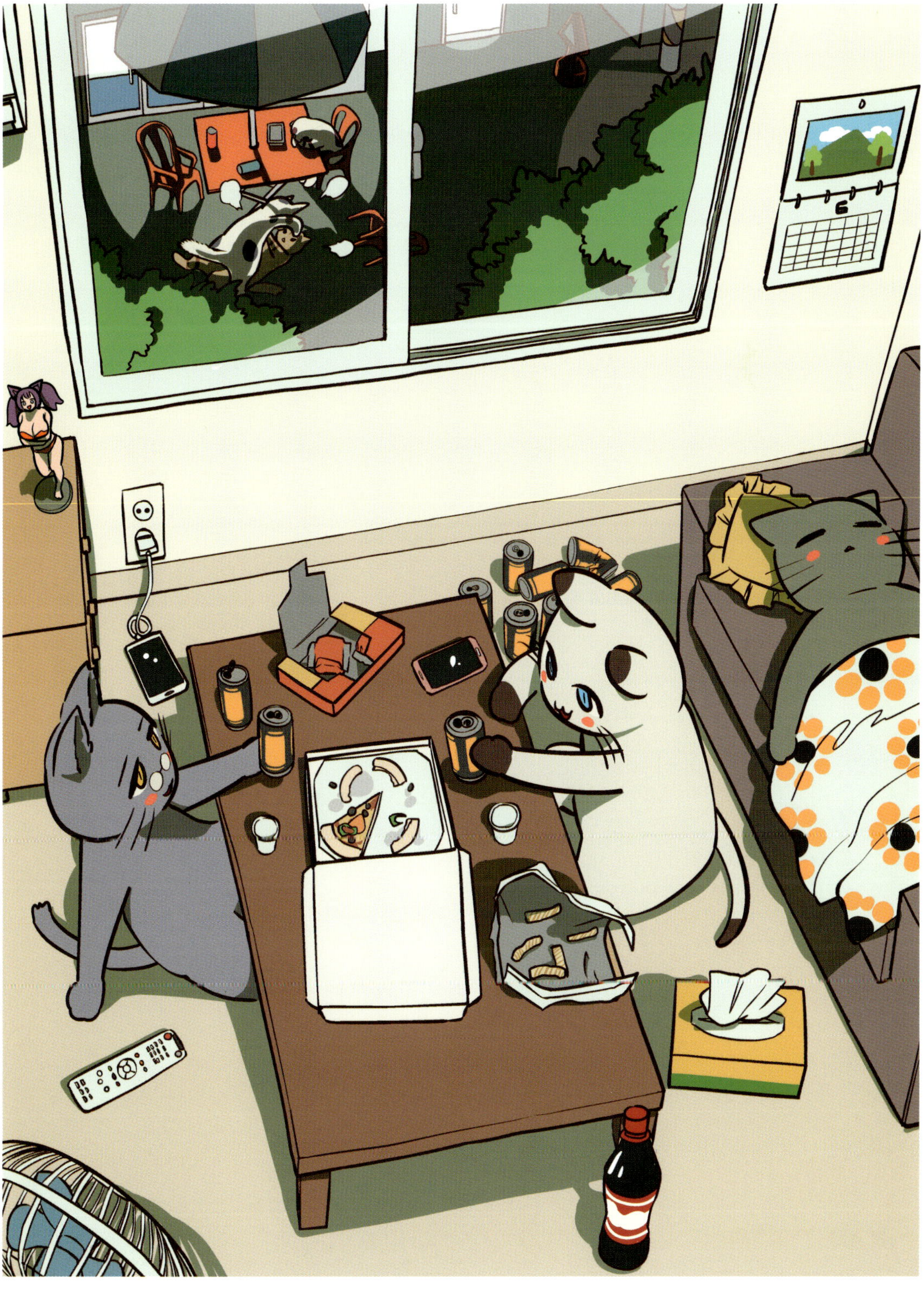

정답

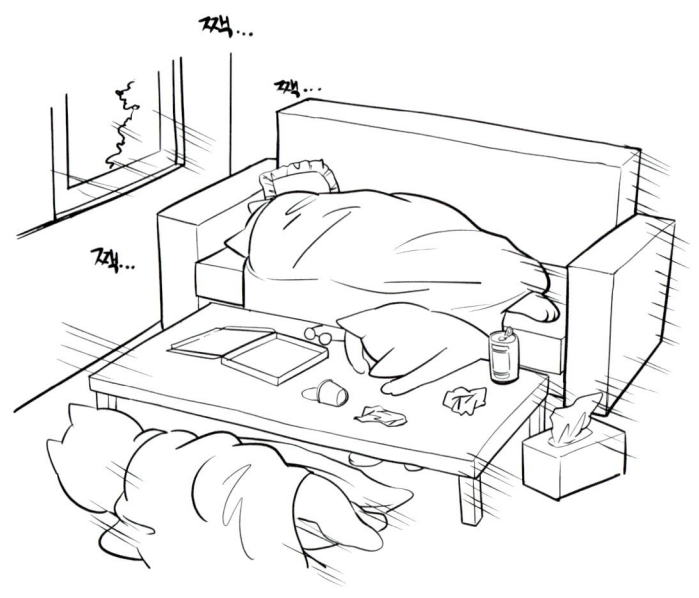

여러분의
술모임

- 술자리에서 선호하는 술이 있나요?
- 안주 중에 가장 기억에 남는 것은 무엇인가요? 이유는?
- 가장 마음편하게 마실 수 있는 곳이 있나요? 있다면 어디인가요?

🐾 심심하던 거리가 갑작스레 활기로 가득차는 마을 야시장. 하지만 늘 그렇지는 않죠. 텅텅 빈 야시장을 보면 왠지 모를 안타까움에 기웃거려 보는데요. 반면 북적이는 노점들을 보면 의문의 안도감을 느끼며 흐뭇하게 가던 길을 그냥 갑니다. 가끔 마주치는 특별한 일상의 한 장면으로서 야시장은 그 존재 자체로 고맙게 느껴집니다.

Hint
- 어린이가 위험합니다.
- 하나를 다 먹기도 전에 다른 게 눈에 들어와서 또 사 먹은 경험 있으시죠?
- 아니면 같은 곳에서 먹고 또 먹는 것도 괜찮구요.
- 사탕은 같은 사탕이지만...
- 젖소 고기도 의외로 맛이 괜찮다던데 사실일까요?

야시장

정답

여러분의
야시장

- 야시장에 가본 적이 있나요?
- 주변에 정기적으로 열리는 야시장이 있나요?
- 야시장에서 본 것 중에 가장 기억에 남는 물건은 어떤 것인가요?

_____
_____
_____
_____
_____

- '이번엔 꾸준히 해야지'. 다짐하고 오랜만에 운동에 나섭니다. 근육을 조이는 적당한 긴장감, 뺨을 스치는 밤바람과 풀 냄새가 기분 좋습니다. 앞으로도 얼마든지 계속할 수 있을 듯한 충만감을 안고 잠자리에서 눈을 감습니다. 3일이면 질릴 거라는 사실에도 눈을 감습니다.

Hint
- 결국 합법화 되었나 봅니다.
- 대중교통 이용자는 이것으로 희비가 갈립니다.
- 양쪽 모두 산책로 옆을 흐르는 개천에서는 하기 힘든 일이 아닐까요.
- 모양은 좌우가 반대인데 왜 이름은 상하가 반대인 걸까요.
- 사막도 아닌 곳에 어째서 이게... 누군가 집에서 키우던 걸 옮겨 심은 걸까요...?

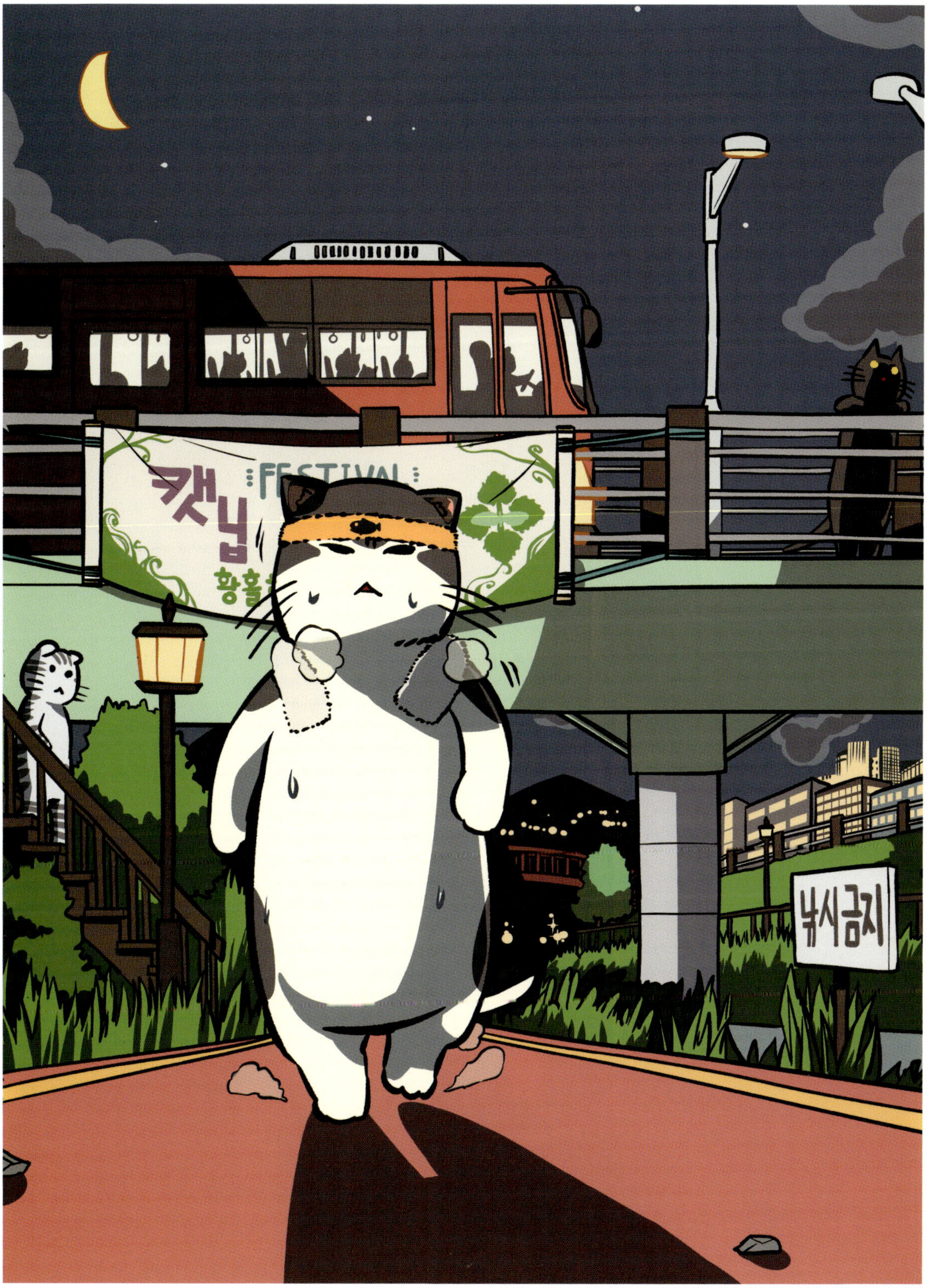

정답

여러분의
밤 운동

- 조깅을 자주 하는 편인가요?
- 조깅 코스에서 본 것 중에 기억에 남는 게 있나요?
- 운동하기 싫은 날의 핑계 중에 가장 마음에 들었던 게 있나요?

_____
_____
_____
_____
_____

🐾 차가운 겨울바람과 좀처럼 다가오지 않는 버스 도착 시간으로부터 얼마나 의식을 돌릴 수 있는가, 그 능력을 시험받는 가혹한 곳입니다. 추위로 인해 가속되는 스마트폰 배터리 소모량이 한층 압박감을 더해 주네요. 현대인의 몸과 마음은 싸늘함 안에서 담금질되어 갑니다.

Hint
- 손이 아무리 시려워도 스마트폰은 포기하지 못하는 그 기분 잘 압니다.
- 추운 날에 건물 위에 있어야 한다면 이렇게라도 해야 버틸 수 있겠네요.
- 작은 악세사리를 통해 숨겨진 취향이 드러나는 일은 종종 있습니다.
- 공공장소에 쓰레기를 버리지 않는 대신 중요한 물건을 잊어버리셨네요.
- 좀 더 따뜻해 보이는 옷이 되었습니다.

정답

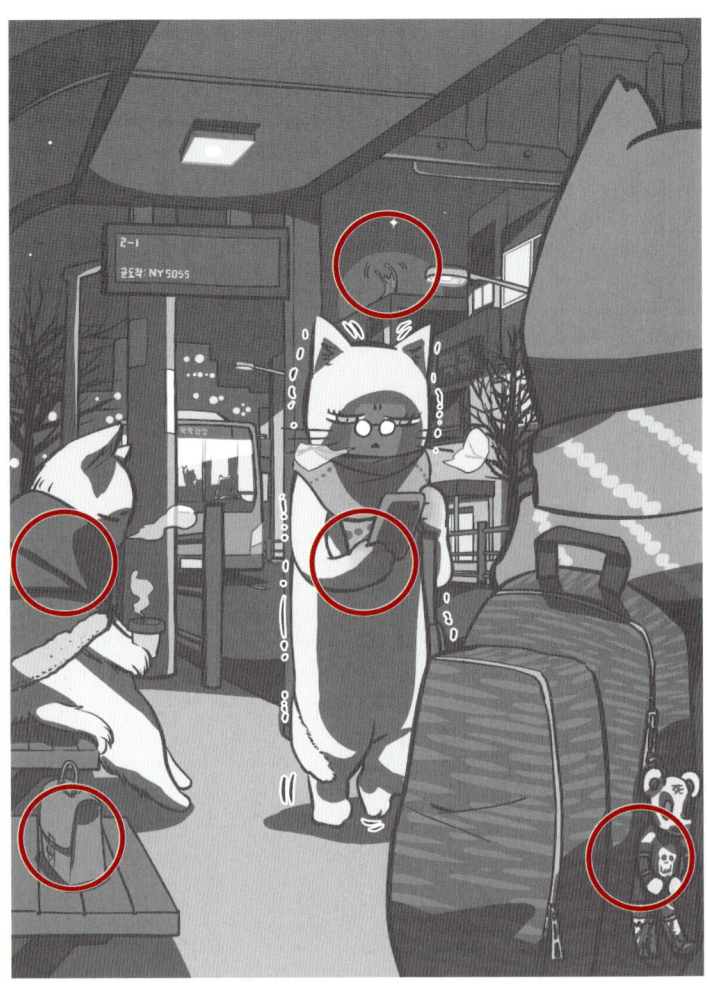

여러분의 정류장

- 통근, 통학에 자주 버스를 이용하시는 편인가요?
- 가장 오래 기다려 본 건 어느 정도 인가요?
- 뭘 하면서 시간을 보내나요?

🐾 한밤중에 괜시리 열어 보게 됩니다. 들어 있는 게 많을 때도 적을 때도 정말로 원했던 건 좀처럼 없지만 뭐든 간에 꺼내서 먹고, 아쉬워서 괜히 또 열고 체중은 무거워지고 체중계는 무서워지고.

냉장고

Hint
- 곧 치킨을 하나 공짜로 시켜 먹을 수 있을 예정입니다.
- 냉장고에 붙이는 자석은 정말이지 온갖 모양을 하고 있죠. 왜일까요?
- 딱 좋은 안줏감이 보입니다.
- 그래서 기분도 좋아지네요.
- 꽃을 꽂으라고 있는 꽃병인데 시간이 지나면 꽃병이 꽃보다 이뻐지죠. 참 덧없네요.

정답

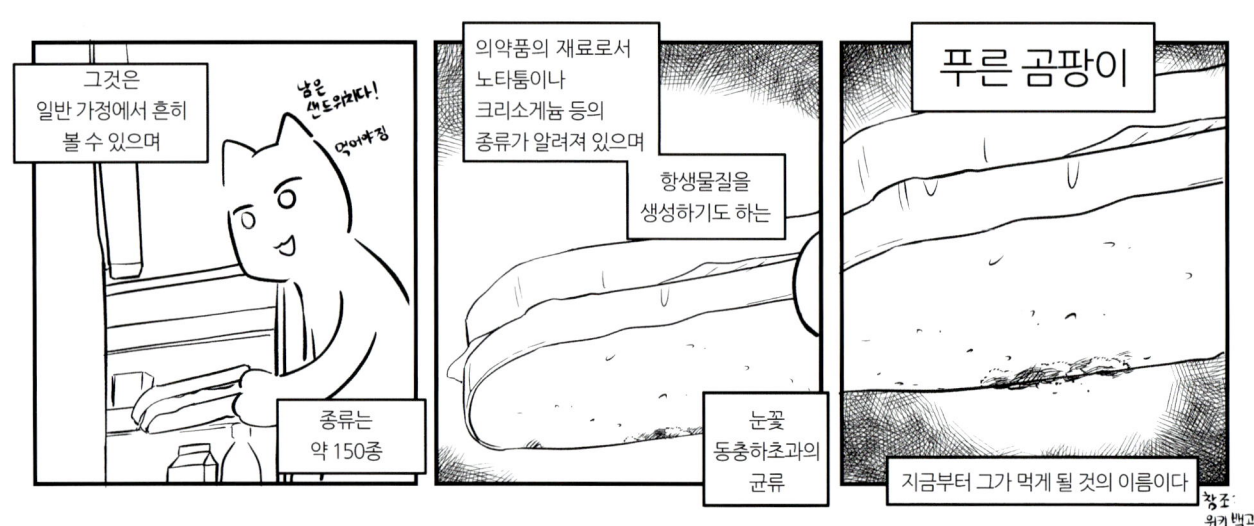

여러분의 냉장고

- 밤에 자주 열어보시나요?
- 심야에도 망설임 없이 입에 넣어 버리는 타입이신가요?
- 들어 있으면 안 되는 물건이 들어 있던 적은 없나요?

🐾 목적지로 가는 차 안에서 웃고 떠들며 고조되는 두근거림. 도착해서 느끼는 해방감. 오후를 보내며 만끽하는 자연 속의 한 때. 그렇게 여행에 흠뻑 빠져 있다 보면 클라이막스인 바베큐 시간입니다. 이쯤 되면 뇌는 완벽한 '여행 뇌' 상태로 들어가 무엇이든 신나고 즐겁고 맛있죠. 고기를 못 굽기로 친구 사이에서 유명한 당신도 지금만큼은 고기 장인입니다.

바베큐

Hint
- 물건을 사러 다녀온 친구가 욕심이 많은 모양입니다.
- 한바탕 먹고 다시 새로운 고기를 올린 걸까요?
- 여행지에서 삼겹살을 먹는다면 이게 또 빠지지 않죠.
- 방에 물건을 찾으러 잠시 들어온 일행인 걸까요? 아니면 혹시...
- 내일은 비가 올 모양이네요. 모처럼 온 여행인데 딱하게도...

정답

여러분의
바베큐

- 펜션에서 밤을 보낸 적이 있나요?
- 당신은 주로 굽는 쪽? 먹는 쪽?
- 아니면 마시는 쪽?

🐾　기다림을 동반하는 좋은 일들은 되돌아보면 기다릴 때가 가장 즐겁다고 합니다. 여행도 그렇고 목 빠져라 기다린 영화나 책도 마찬가지, 즐기고 난 후의 아쉬움을 생각하면 그럴 만도 하죠. 하지만 밤에 시킨 치킨은 먹고 나면 아쉬울 틈도 없이 포만감에 정신을 잃습니다. 가장 이상적인 피날레가 아닐까요?

Hint
- 현금 계산이었다면 여기서 동전을 꺼냈을 겁니다.
- 수령인이 부재중일 때 택배 기사분이 자주 이용하는 곳이죠. 깜빡하고 안 닫았네요.
- 현관은 오고 가는 길목이니 장식이 필요없다고 생각할 수도 있습니다.
- 어느새인가 붙어 있는 광고지는 일상에 제법 귀찮음을 더해 줍니다.
- 어떤 카드에 돈이 충분히 남았는지 기억이 안 나는 모양입니다.

야식

정답

여러분의
야식

- 가장 좋아하는 야식은 무엇인가요?
- 밤에는 배가 고파도 참으시는 편인가요?
- 자신만의 야식 레시피가 있나요? 있다면 자신있게 소개해 주세요.

___
___
___
___
___

🐾 　등대를 지키는 분들은 등대지기라는 호칭을 싫어하신다는 이야기를 들었습니다. 이제 '등대지기'는 도시의 등대를 지키는 분들에게만 쓰는 말이 될지도 모르겠네요. 야경은 얼어붙은 달그림자처럼 싸늘한데 거룩하고 아름다운 사랑의 마음은 어디로 갔죠?

야근

Hint
- 정신없이 일하다 보면 몸가짐이 흐트러지게 마련입니다.
- 위험한 곳에 서 있네요. 설마 극단적인 선택을 하려는 걸까요?
- 다 먹어 버렸네요.
- 잠에서 깨고 싶을 때 뭘 마시는가에서 세대 차이를 느낄 수 있습니다.
- 싫은 일을 할 때의 한 시간은 몇 년처럼 길게 느껴집니다.

정답

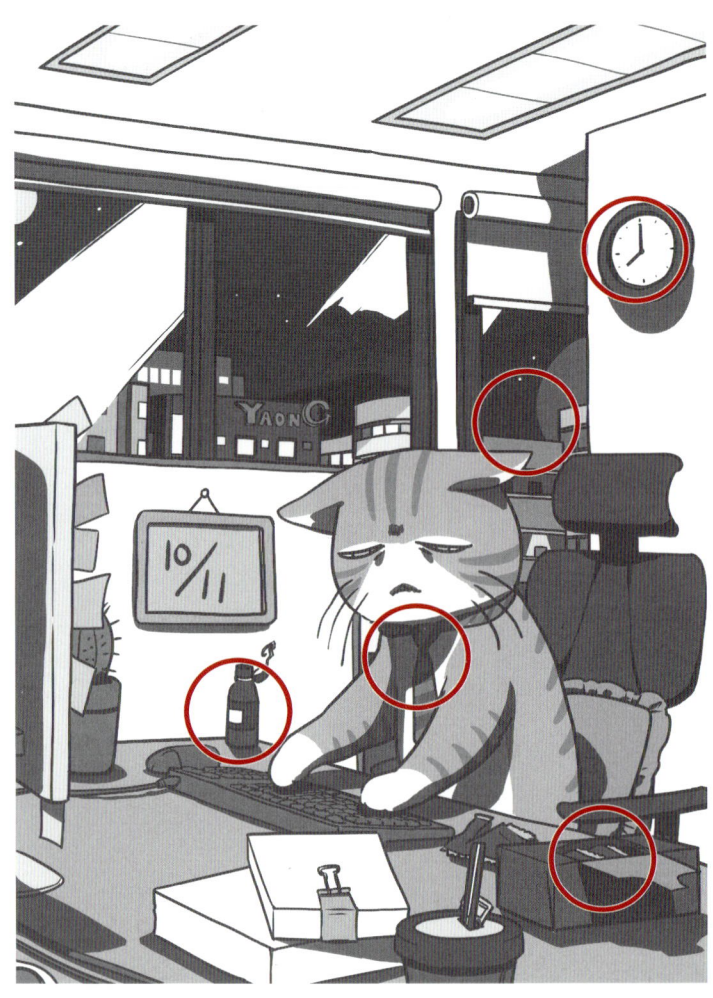

여러분의
야근

- 정말 여쭙기 죄송스럽지만... 많이 해보셨나요?
- 야근의 무게를 견디기 위한 자신만의 노하우가 있나요?
- 혹시나... 야근과 관련된 특별한 추억이 있나요?

_____
_____
_____
_____
_____

해외여행은 타협이 기본입니다. 지갑을 생각해 힘든 시간대와 힘든 날짜를 골라 여행을 가면 한밤중에 게이트 앞에서 귀국편을 기다리며 찜질방에 뻗어 있는 사람들처럼 늘어지게 됩니다. 하지만 카메라와 가방은 추억으로 꽉꽉 채워져 있네요. 즐거움만은 타협하지 않았다는 증거입니다.

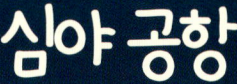

Hint
- 자다가 비행기를 놓치면 큰일이죠. 적어도 반은 깨어 있읍시다.
- 여행지에서 사온 모자는 때로는 지나치게 화려해서 눈에 띄곤 하죠.
- 비행기 여행을 자주 다니는 사람의 캐리어는 이렇게 되기도 합니다.
- 탑승 전 마지막 짐 정리를 하고 남은 쓰레기는 이곳에.
- 어깨가 아프지 않도록 무거운 짐은 미리 보내 놓는 것이 좋습니다.

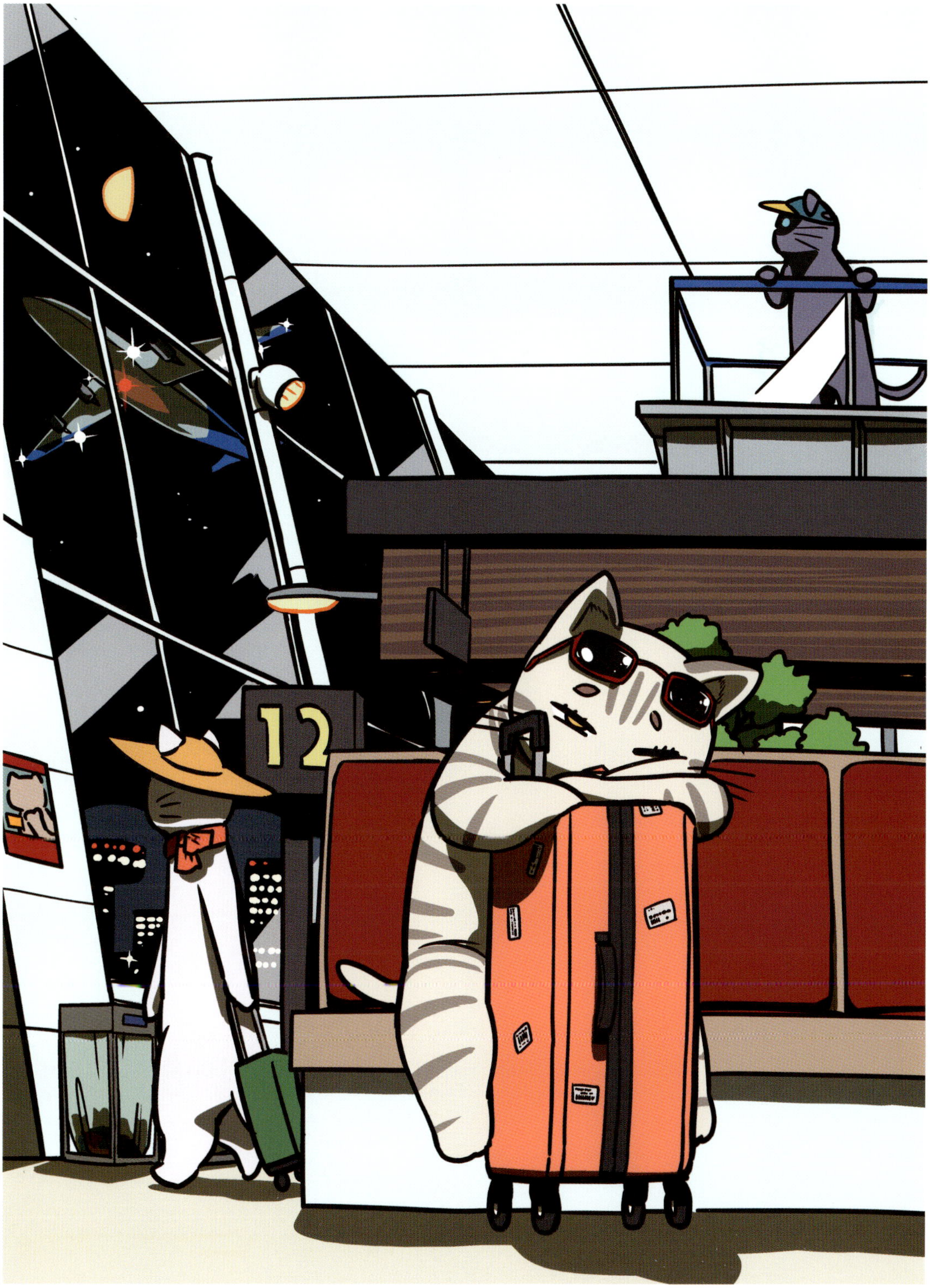

정답

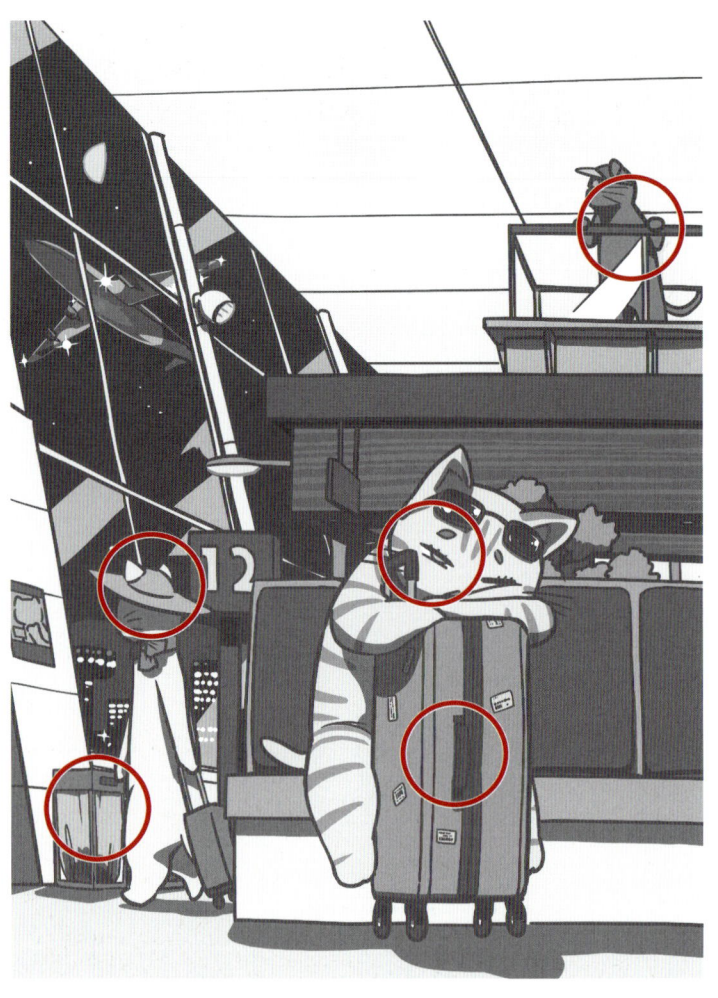

여러분의
심야 공항

- 비행기 여행을 가본 적이 있나요?
- 가보고 싶은 나라는 어디인가요? 구체적으로는 어떤 곳에 가보고 싶나요?
- 공항에서는 주로 무엇을 하며 시간을 떼우나요?

- 심야의 주점가에서 쉽게 보이는 풍경입니다. 따지고 보면 마냥 누구 하나의 탓으로 돌릴 수도 없건만 많은 사람들이 힘들고 피곤해집니다. 이렇게 '힘듦'은 전염됩니다. 전염원은 대체 어디일까요?

Hint

- 이런 알림판을 잘 보면 예상치 못한 이벤트를 만나기도 합니다.
- 길가에 한번 쓰레기가 버려지면 그 자리에 계속 쓰레기가 모이는 현상 아시죠?
- 술주정에도 여러 종류가 있는데요.
- 어떤 술주정은 보는 사람쪽이 안타까워지기도 합니다.
- 길거리에 떨어져 있는 전단지는 사람들이 원하는 것을 대변해 주기도 합니다.

주점가

정답

여러분의
주점가

- 주점가에 가보신 적이 있나요? 자주 다니시나요?
- 주점가에서 겪은 특별한 에피소드가 있나요?
- 가장 기억에 남는 취객은 어떤 사람이었나요?

_____
_____
_____
_____
_____

- 단순한 시간 낭비일까요? 하지만 인생에는 밤샘 게임을 해도 잠시 후회만 하고 넘어갈 수 있는 시기가 있습니다. 삶 전체 중에서 아주 빛나는 나이대죠. 그 시절을 기념하는 한 가지 증명으로서 의미가... 없나요. 그런가요...

밤샘 게임

Hint
- 이른 시간 아파트 복도를 다니는 사람은 배달원이라는 인상이 있습니다.
- 너의 그 무관심 속에서 한 생명이 시들고 말았어.
- LED? 형광등?
- 추우니까, 몸이 안 좋으니까, 같이 탈 사람이 없으니까... 그렇게 거미줄만 늘어 가고.
- 일찍 일어나는 새가 벌레를 잡는다. 오늘은 혼자 독차지하는 날이네요.

정답

여러분의
밤샘 게임

- 게임을 좋아하세요?
- 밤을 새울 정도로 열중한 게임이 있었나요?
- 밤새 게임을 한다면 방구석파? 아니면 PC방파?

🐾　무서운 듯 아름다운 듯, 개기월식은 묘한 매력이 있습니다. 하지만 옛날 사람들이 월식을 이해한 방법들을 보면 지금의 우리는 이 현상을 비교적 건조하게 대하고 있는 것 같기도 합니다. 달의 신비가 여러겹 벗겨진 탓일까요. 그렇게 생각하니 인류의 달 착륙을 부정하는 일부 계층이 낭만의 수호자처럼 느껴지네요. 수고들 하십시오.

개기월식

Hint
- 신기한 게 보이면 핸드폰 카메라를 들이대고 보는 현대인의 습관입니다.
- 가족들이 모두 구경하러 나가 버린 걸까요?
- 월식의 매력은 역시 평범한 망원경으로 바로 볼 수 있는 편리함이 아닐까요.
- 가을에 뜨는 레드문은 단풍과 잘 어울릴 것 같습니다.
- 어릴 때 동생이나 형 누나와 이런 풍경을 보면 평생 공유할 추억이 되지 않을까요.

정답

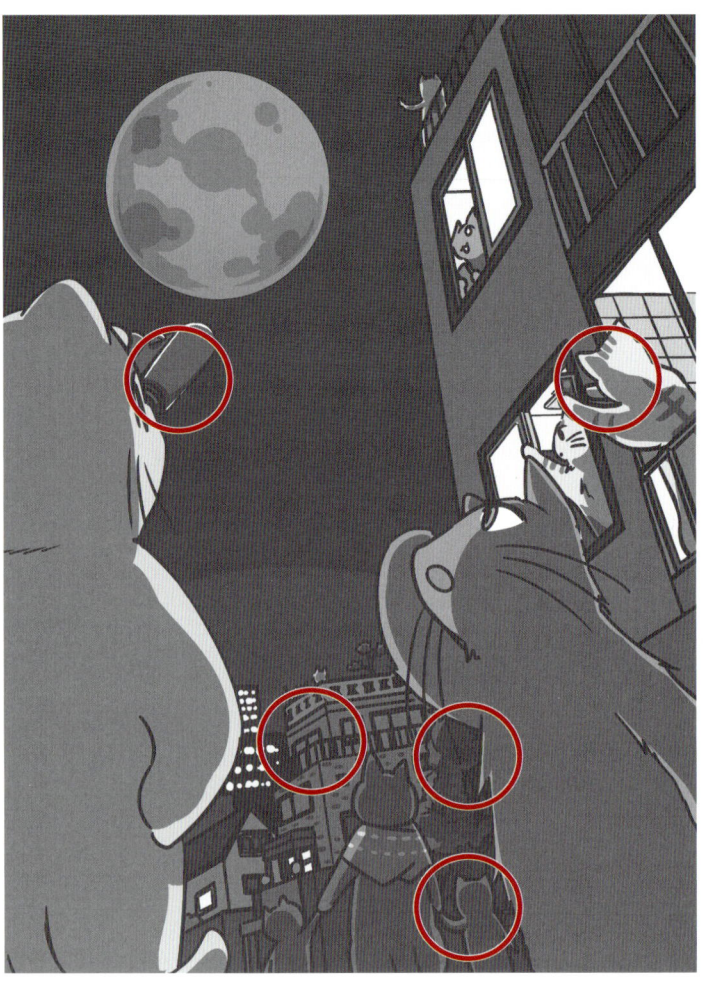

여러분의
개기월식

- 월식을 본 적이 있나요?
- 월식의 원리에 대해서 들어본 적이 있나요?
- 달에 가보고 싶다는 생각이 든 적이 있나요?

🐾 기다림의 미학, 낚시. 아저씨 같은 취미라고 말하는 사람도 많은데요. 밤낚시는 아름다운 밤하늘과 적막 속에서 들려오는 여러 가지 소리, 수면에 반사되는 빛들이 만드는 몽환적인 풍경이 어우러져 황홀한 경험을 선사한다고 합니다. 전혀 아재같지 않아요. 감성적이라 감성돔이 잘 잡힌다고 하는데요. 전혀 아재같지 않습니다.

밤낚시

Hint
- 언제 올지 모를 비를 대비한 방수천. 중요하다고 합니다.
- 매운탕이냐 라면이냐. 식사 메뉴를 건 도박입니다.
- 이긴 자와 진 자의 표정 차이가 극명하네요.
- 저렇게 큰 글씨로 경고하는 것을 보니 무슨 일이 있었나 봅니다.
- 지금이 얼마나 늦은 밤인지는 민가의 불빛을 보면 짐작할 수 있습니다.

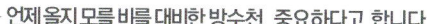

정답

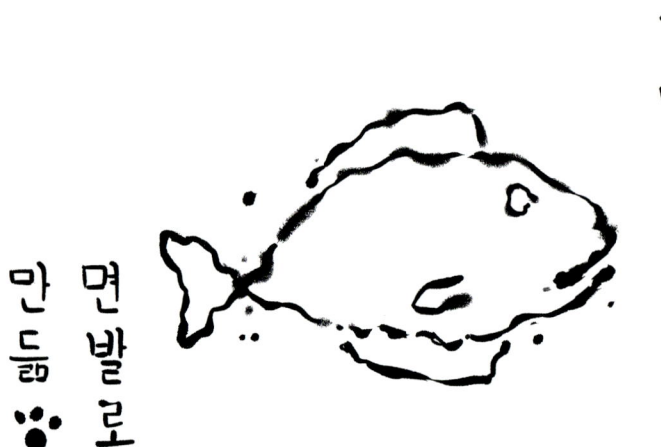

라면어
면발로
만듦

여러분의
밤낚시

- 낚시하러 가 보신 적이 있나요?
- 낚시의 즐거움은 뭐라고 생각하세요?
- 낚시라는 취미에 대해서 어떻게 생각하세요?

_____
_____
_____
_____
_____

에필로그

밤은 해가 뜨고 기울며 계속 모습을 바꾸는 낮과는 다릅니다. 어둠과 적막이 이어지다가 아침해가 보이기 시작하면 금세 자취를 감추는 밤. 한결같다 못해 단조로운 그 특징 덕분에 늘 갑자기 끝나는 것처럼 느껴집니다. 밤 동안 깨어 있다가 밖이 어스름 밝아오는 것을 보고 퍼뜩 정신을 차리곤 하죠. 그럴 때는 꼭 무언가에 취해 있었다가 현실로 돌아온 느낌이 듭니다. 그것 또한 밤이 주는 특별한 경험 중 하나라고 할 수 있습니다.

분위기에 흠뻑 취해서 즐겼던 것들은 나중에 떠올리기만 해도 절로 기분이 좋아집니다. 하지만 그 경험들이 즐거운 기억으로 남기 위해서는 취했던

것에서 깰 필요가 있습니다. 현실로 돌아왔을 때의 기분좋은 나른함과 한 꼬집만큼의 아쉬움은 좋은 체험을 예쁜 추억으로 포장해주는 마무리 단계라고 할 수 있습니다.

우리에게는 '밤의 시작'보다는 '하루의 끝', '밤의 끝'보다는 '하루의 시작'이라는 표현이 더 익숙하지만, 밤 동안의 기억을 이쁘게 간직하도록 해주는 것은 '하루의 시작'이 아닌 '밤의 끝'입니다. 밤을 즐기는 만큼 밤의 끝 또한 온전히 즐길 수 있기를 바라며 '우리들의 밤'을 마치겠습니다.

함께 해 주셔서 감사합니다.

홍인기(Hong Ingi)

숭실대학교 철학과 입학(2006)
일본 '오사카 애니메이션칼리지' 입학(2011)
일본 '오사카 애니메이션칼리지' 스토리 코믹 전공 졸업(2013).
숭실대학교 철학과 졸업(2015)
파주 한빛중학교 웹툰반 강사(2016~현재)
파주 동패중학교 만화동아리 강사(2018~현재)
각종 도서 표지 디자인(2015~현재)

〈수상〉
제4회 일본 小學館 주관 '클럽 선데이배' 만화 공모전 격려상 수상(2013).
제21회 일본 講談社 만화잡지 ≪イブニング≫ 신인공모전 우수상 수상.

〈개인전〉
"집사와 함께 하는 냥이의 여름" 갤러리 봄아(2019.8.1.~8.14)

우리들의 밤

초판인쇄 2019년 6월 21일
초판발행 2019년 6월 30일
저자 홍인기
발행인 권호순
발행처 시간의물레
등록 2004년 6월 5일
등록번호 제1-3148호
주소 서울시 마포구 마포대로 4다길 3(1층)
전화 02-3273-3867
팩스 02-3273-3868
전자우편 timeofr@naver.com
블로그 http://blog.naver.com/mulretime
홈페이지 http://www.mulretime.com
정가 11,000원
ISBN : 978-89-6511-283-9 (03650)

*이 책에 사용된 일부 글꼴은 유토이미지(UTOIMAGE.COM)에서 무료 배포한 서체입니다.
*이 책의 저작권은 저자에게, 출판권은 시간의물레에 있습니다.
*잘못된 책은 바꿔드립니다.

*이 도서의 국립중앙도서관 출판예정도서목록(CIP)은 서지정보유통지원시스템 홈페이지(http://seoji.nl.go.kr)와 국가자료종합목록 구축시스템(http://kolis-net.nl.go.kr)에서 이용하실 수 있습니다. (CIP제어번호 : CIP2019023474)